Juguemos a leer

Juguemos a leer

Libro de lectura

Rosario Ahumada
Alicia Montenegro

EDITORIAL TRILLAS

México, Argentina, España
Colombia, Puerto Rico, Venezuela

Catalogación en la fuente

Ahumada, Rosario
    Juguemos a leer : libro de lectura. -- 3a ed. --
México : Trillas, 1997 (reimp. 2004).
    112 p. : il. col. ; 23 cm.
    ISBN 968-24-5631-2

    1. Lectura (Elemental). I. Montenegro Alicia.
II. t.

    D- 372.41'A637j   LC- LB1525.26'A4.4   531

Derechos reservados
© 1975, 1992, Editorial Trillas, S. A. de C. V.,
División Administrativa, Av. Río Churubusco 385,
Col. Pedro María Anaya, C. P. 03340, México, D. F.
Tel. 56884233, FAX 56041364

División Comercial, Calz. de la Viga 1132, C. P. 09439
México, D. F. Tel. 56330995, FAX 56330870

www.trillas.com.mx

Miembro de la Cámara Nacional de la
Industria Editorial. Reg. núm. 158

Primera edición, julio 1992 (ISBN 968-24-4569-8)
    Reimpresiones, agosto y septiembre 1992
Segunda edición, mayo 1993 (ISBN 968-24-4783-6)
    Reimpresiones, julio 1993, abril y julio 1994, mayo y
    agosto 1995, 1996 y febrero 1997
Tercera edición, 1997 (ISBN 968-24-5631-2)
    Reimpresiones, mayo y octubre 1998, 1999,
    enero, marzo y septiembre 2000, 2001,
    enero, marzo y octubre 2002, 2003 y enero 2004

Decimotercera reimpresión, junio 2004

Impreso en México
Printed in Mexico

Esta obra se terminó de imprimir y encuadernar
el 2 de junio de 2004,
en los talleres de Grupo Gráfico Arenal, S. A. de C. V.
B 75 TRAW

Introducción

El principal objetivo de los nuevos programas de Español es enseñar a manejar la lengua como un elemento esencial de comunicación, por medio de la práctica tanto del lenguaje oral como del lenguaje escrito.

En su nueva edición, *Juguemos a leer (libro de lectura y cuaderno de ejercicios)* promueve ambas habilidades al presentar un método ecléctico para la adquisición de la lectoescritura; este método es ecléctico porque reconocemos que los métodos para enseñar a leer y a escribir proponen muchas sugerencias valiosas que deben rescatarse, siempre que comprueben de manera reiterada su efectividad.

Aunque por tradición *Juguemos a leer* está considerado como un método fonético, no puede clasificarse dentro de un grupo especial, puesto que constantemente se enriquece con las aportaciones provenientes de investigaciones de vanguardia.

Así, esta propuesta está fundamentada principalmente en las teorías psicológicas de las leyes de psicología del aprendizaje basadas en la generalización y la diferenciación, las cuales motivan al niño para que éste discrimine y después asocie distintos estímulos visuales y auditivos. Además, contiene historias que pueden emplearse como la introducción a una serie de experiencias que inician a los niños a diferentes formas de expresión literaria, tales como los cuentos, las rimas, los cantos, las adivinanzas y diversos juegos que enriquecen su vocabulario y favorecen sus propias manifestaciones en el campo de la literatura.

¿CUÁLES SON LAS CARACTERÍSTICAS DE JUGUEMOS A LEER?

Juguemos a leer tiene ciertas características que contribuyen a que el pequeño "descubra" poco a poco las letras y las asocie tanto con su sonido como con la grafía convencional (en letra script y en letra cursiva), desde ese momento, el niño reconoce que las letras juntas significan algo más que un sonido: evocan una imagen, un concepto o una idea. De esta manera, la adquisición de la lectoescritura ocurre como un proceso integral y simultáneo. Después, en la sección dedicada a las lecturas dinámicas, vendrá la fluidez en la lectura una vez que se reconocen palabras aisladas que, juntas, representan mucho más: enunciados que comunican ideas completas, ideas que, por lo demás, se relacionan siempre con el mundo infantil que llama poderosamente la atención de los pequeños.

- En toda la obra se presentan palabras que constituyen un vocabulario significativo para los niños, pues evoca en ellos imágenes cotidianas y familiares; no obstante, también se introducen términos nuevos para que incrementen su manejo de la lengua. Estos vocablos nuevos pueden explicarse por medio de ilustraciones, recortes de fotografías o mímica, con lo cual se logrará también una vivencia emotiva difícil de olvidar y, gracias a ella, el significado quedará grabado de manera más permanente en la memoria de los niños. (Ver la Guía del maestro pág. 111 y 112.)

- En el libro de lectura se resalta con un color distinto la letra o la sílaba que se estudia, de tal manera que los niños pueden distinguirla con mayor facilidad, así como localizarla en el contexto de una palabra, escuchar su sonido y repetirlo en voz alta de manera recurrente hasta descubrir la correspondencia entre la grafía y el sonido que le es propio. Esto también les permite conocer y reconocer las características de su trazo.

- Las ilustraciones, presentan un contexto integral que evoca una historia, una experiencia o un concepto que desencadena una experiencia personal y familiar para el niño. Usted, maestro, puede aprovechar esta oportunidad para desarrollar la expresión oral de los niños al preguntarles qué están viendo y en qué les hace pensar.

- Sin embargo, sólo se muestra a todo color el dibujo que representa la palabra cuyo sonido se enseña en ese momento; esto constituye otra manera de facilitar la asociación entre el sonido incluido en la palabra y la imagen.

- La oración final escrita en letra siempre está relacionada con la ilustración de cada página, ya que deseamos que los niños encuentren sentido a los enunciados contemplando un estímulo visual. Además, ellos pueden leerla fácilmente, pues en su redacción sólo se emplean letras y sílabas que se han presentado con anterioridad.

- Al usar de manera simultánea el libro de lectura con el manual de ejercicios, el niño tendrá la oportunidad de practicar en forma amena y reiterada lo aprendido en ejercicios variados que involucran diferentes contextos (unir una ilustración con la palabra que le corresponde, elegir una palabra de acuerdo con la ilustración, relacionar oraciones con una ilustración, comparar palabras escritas en letra script y cursiva, interpretar imágenes y asignarles la grafía convencional, elegir las sílabas que forman la palabra que identifica a una imagen, etcétera). Consideramos que estos ejercicios son muy útiles pues la reiteración de la grafía es necesaria sobre todo al principio del proceso de adquisición de la lectoescritura.

- En las lecturas dinámicas se incluyen textos llenos de fantasía -parte importante e inherente a la niñez- que el niño puede leer en varias oportunidades. El maestro puede registrar el tiempo que el niño emplea en cada lectura sólo para tener un parámetro que le señale la evolución de su aprendizaje, pero debe hacer estos registros de manera discreta sin que el niño se sienta presionado o calificado, ya que no importa que el niño lea despacio si lo hace bien y comprende lo que lee, finalidad única de la lectura.

- Las lecturas dinámicas ofrecen al maestro la oportunidad de guiar al niño para que éste adquiera paulatinamente la capacidad de analizar y comprender aquello que lee. Así, podrá identificar personajes y entender las ideas principales de los textos, vivenciar los sentimientos y asociarlos con sus propias experiencias y emociones, con lo cual la lectura se convierte en un vehículo de expresión tanto en un nivel cognitivo como en una esfera emotiva.

Amigo maestro, deseamos que encuentres un valioso apoyo a tu labor en *Juguemos a leer (libro de lectura y cuaderno de ejercicios)* y que tus niños se conviertan en felices lectores, pequeños que encuentren en cada libro un acompañante secreto revelador de grandes misterios y conocimientos.

A

a

avión

árbol

a

a

I

ℐ

india

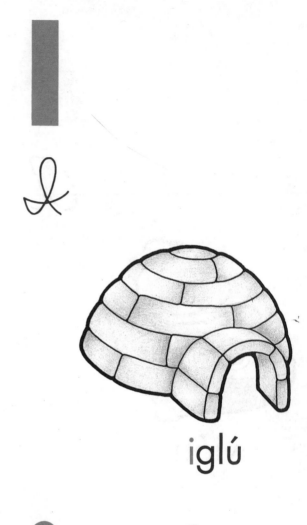

iglú

i

ⅈ

A l a i a

a a i a i

i a A l a

i a i a i

i l a i A

9

E

E

estrella

escoba

e

l

E A e i a

a l I E i

i E e a l

l i a E l

E a l e A

O

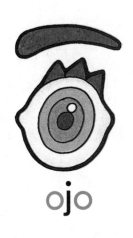

ojo

oso

O

O o a e l

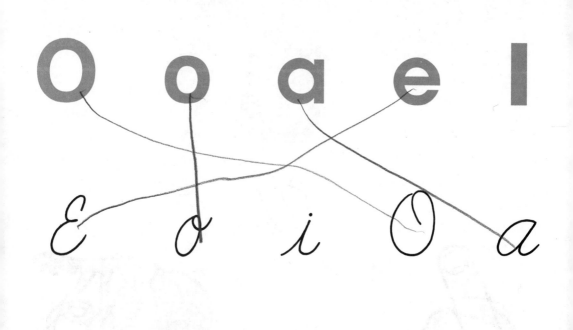

E o i O a

A e O o E

o f a O a

i O A o e

U

U

uña

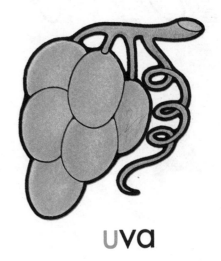

uva

u

u

14

U o u l a

a u E u i

O U i u A

e u a u a

U u e O l

15

mamá

M m

M m

ma   mo   me   mu   mi

amo   mío   ama   mía   mima

Mi mamá.

Memo me ama.

sol

S s

S s

sa	so	se	su	si

sus oso mis esa más seis

masa suma mesa misa sumo

Susi ama a su mamá.

Esa mesa es mía.

El 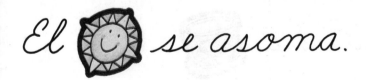 se asoma.

tambor

T t $\mathcal{T}\, t$

ta   to   te   tu   ti

tío   tos   tía   siete   mete

tose toma mate susto tomo

Mi tía toma té.

Mateo usa mi moto.

Tita usa su .

lápiz

L l

L l

la   lo   le   lu   li

lima loma miel lista lata tela

sala satélite alto alma sal

sol suelo isla mala ala mal

Lalo mete la maleta.

El sol sale.

Luis toma su 🖍.

rana

Rr

$\mathcal{R}$ $\mathcal{r}$

ra   ro   re   ru   ri

río   rosa   ramo   rata   rosal

torre   tierra   risa   altar   rama

ritmo   ser   sierra   rima   rota

Rita se ríe.

Su remo está roto.

La  salta alto.

papá

P p

P p

pa   po   pe   pu   pi

papel puerta pato pelo perro

piso mapa sopa tapa lupa

ropa sapo pala palo pelota

Pepe toma sopa.

Pepe limpia a su perro.

Mi papá es piloto.

niños

Nn 𝓃 𝓃

na   no   ne   nu   ni

tina   ratón   pino   rana   sano

nene   antes   nota   antena   limón

mono   pantalón   untar   suena

Mis manos están limpias.

Inés tiene un tulipán.

Los 𝓈𝑜𝓃𝓇𝒾𝑒𝓃.

campana

Cc $\mathcal{C}\ c$

ca   co   cu

cama   casa   coco   pico   carta

cuna   actor   correr   cosa   color

saco   roca   corral   arco   pica

Carlos cuenta un cuento.

Carlos corre con su perro.

Carlos toca la campana.

dado

Dd   *Ꙇ d*

da   do   de   du   di

radio   dime   mercado   dedo

día rueda duende nadar codo

nido onda indio dama lodo

Daniel poda el pasto.

Daniel tiene un oso panda.

Dale ese dado a Nadia.

vaca

V v 𝒱 𝓋

va vo ve vu vi

vivo avión vaso vaca vela

pavo envase ave viernes vida

lavar viento nave vuelo nieve

Vamos a visitar a Víctor.

Víctor vuela un cometa.

Esta vaca vino a verte.

1. Mi perro cuida la casa.

2. La pelota es de color verde.

3. Tu vestido es de lana.

4. El viento seca la ropa.

5. Mamá lee un cuento.

6. Diana tiene unos dados.

7. La vaca mueve su cola.

8. El nene duerme en su cuna.

9. Los patos nadan contentos.

10. Emilio me dio unas rosas.

foca

Ff

fa · fo · fe · fu · fi

falda · filo · fuente · fiesta · fino

uniforme · café · foca · sofá · fin

famoso · foto · rifa · feo · fuerte

Sofía ríe al ver la foca.

Los elefantes son fuertes.

La foca se divierte.

barco

B b

B b

ba   bo   be   bu   bi

barco bueno bote bebé burro

abuelo abanico escoba tambor

bolsa nube sábado árbol bata

Beto tiene un balón.

Beto busca a su abuelo.

El abuelo viene en el barco.

jaula

J j

J j

| ja | jo | je | ju | ji |

jamón jardín paja reloj jabón

jarrón paja ojos caja espejo

junio joven jalar jaula cojín

Las abejas viven en el panal.

Los conejos corren en el jardín.

La jaula está en la rama.

piña

ñ

ñ

ña   ño   ñe   ñu   ñi

año niño sueño otoño piña

montaña muñeca moño uña

leña baño señor señal puño

Los niños están en la cabaña.

La niña rompió la piñata.

Toño dibujó una piña.

pera

r

r

loro   pera   mariposa   toro
cara pájaro faro jarabe coro
tira muro naranja cariño duro
vara   jirafa   farol   niñera
Tere sube las escaleras.
El carro de bomberos es rojo.

Rosario mira la pera.

gato

G g

$\mathscr{G}$ $\mathscr{g}$

ga   go   gu

goma gas regalo mago lago

gaviota gotas gajo tortuga

guante gusano garras amigo

Diego es amigo de Gabi.

Gabi tiene un gato gordo.

Gabi le da agua al gato.

hormiga

Hh

H h

ha   ho   he   hu   hi

hilo huevo búho humo hongos

hada   hijo   hoja   hermano

horno   hueso   hielo   ahora

Hilda la hormiga come hojas.

Hilda pasea por la hierba.

Hilda busca a sus amigas.

chimenea

CH ch *Ch ch*

cha cho che chu chi

chica chocolate ocho mochila

lancha charco chorro chaleco

mucho noche techo lucha leche

Chela juega con los chicos.

Chela es una niña chistosa.

Echa leña a la chimenea.

llave

Ll ll *Ll ll*

lla   llo   lle   llu   lli

silla argolla lluvia cuello olla

martillo pollo calle caballo

gallo astilla rollo ardilla

Bambi llora en el llano.

La gallina llama a su pollito.

Mami perdió su llave.

queso

Q q

2 q

que   qui

queso parque bosque quitar

quiero toque meñique quinta

orquesta barquito raqueta

saquito tanque queja piquete

El ratón se llama Quique.

Quique es pequeño.

Quique quiere queso.

yoyo

Yy *Y y*

ya	yo	ye	yu	yi

payaso	yegua	hoyo	mayo

yema	soy	ensayo	rey	rayo

doy	yeso	voy	desayuno

Hay un concurso de yoyo.

Yolanda juega con el yoyo.

Ese yoyo es suyo.

guitarra

gue gui

gue   *gui*

guiso hormiguero guiñol juguete
guitarra laguito águila guía
hoguera aguijón higuera
Guillermo es amiguito mío.

Guillermo toca la guitarra.

pingüino

güe güi

güe *güi*

pingüino   paragüero

yegüita   paragüitas

agüita   ungüento

El pingüino nada muy bien.

El pingüino juega con agüita.

girasol

ge   gi

ge   *gi*

gente ángel gelatina mágico

gigante   girasol   gitano

página   ingeniero   encoger

Sergio y Gerardo son gemelos.

Regina corta un girasol.

El girasol es amarillo.

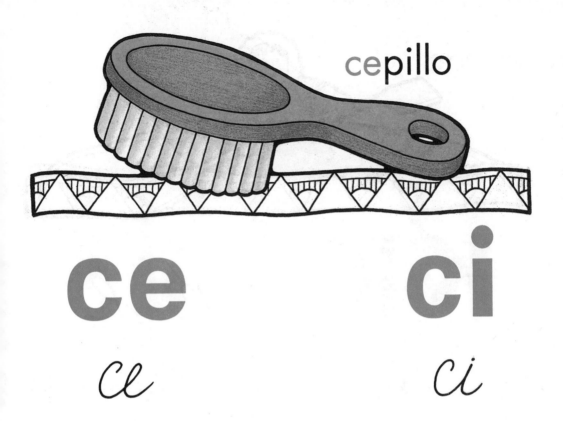

cepillo

ce

ci

ce

ci

cielo once acción cebolla cero
ciruela ceja circo policía dulce
calcetín silencio pincel cocina
Alicia me regaló una cinta.
Cecilia me cepilló el cabello.

Aquí está mi cepillo.

kayac

Kk *K k*

ka ko ke ku ki

kilo kayac koala

kiosco karate kermés

Katia nació en Alaska.

Katia es una niña esquimal.

Katia viaja en kayac.

zapato

Zz *Zz*

za   zo   zu

cabeza calabaza manzana luz

corazón zorro pinza azúcar

pizarrón izquierda pozo nariz

El zapato tiene un lazo.

Lo hizo mi vecino el zapatero.

El zapato es de tela azul.

xilófono

X x

X x

México   exquisito   éxito

texto   Xochimilco   galaxia

excursión   oxígeno   excavar

Dime la hora exacta.

Máximo maneja un taxi.

Félix toca el xilófono.

waterpolo

Ww 𝒲 𝓌

Walter   Winchester
Wendy viajó a Hawai.
Wenceslao es hermano de
Walter.

Walter juega waterpolo.

LOS PATITOS

En un día de mucho calor, cinco patitos fueron a nadar al lago.
Ellos jugaron con los pececitos hasta que llegó la tarde. Cuando volvieron a casa, mamá pata ya los estaba esperando.

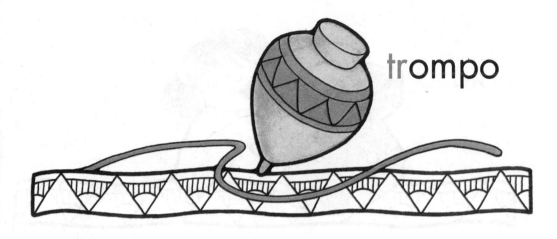

trompo

tr

tr

tra   tro   tre   tru   tri

extra   estrella   trapo   trenza

trabajo   tren   trigo   sastre

trueno   triste   astro   letra

Mi potro es travieso.

El maestro toca la trompeta.

Trini trajo un trompo.

blusa

bl *bl*

bla   blo   ble   blu   bli

blanco blusa hablar poblado

bloque cable roble tablita

pueblo mueble doble niebla

Pablo vive en un pueblo.

Su papá hace muebles.

Blanca me regaló una blusa

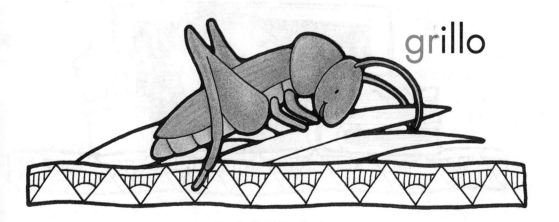

grillo

gr

gr

gra   gro   gre   gru   gri

gracia   grueso   grillo   alegre

gruta   grande   tigre   granada

cangrejo   negro   agrio   grupo

El tigre es peligroso.

Graciela juega con el granizo.

Mira que grillo tan grande.

profesor

pr *pr*

pra   pro   pre   pru   pri

pregunta primo compra precio

premio   pronto   princesa

La princesa aprende a leer.

El profesor prepara una

sorpresa para la primavera.

Aquí está mi profesor.

dragón

dr

dr

dra   dro   dre   dru   dri

drama cuadro padrino dragón

dromedario   madre   piedra

ladrillo cocodrilo golondrina

Pedro hace su casa con ladrillos.

Adriana rompió un vidrio.

Andrés pintó un dragón.

fresa

fr

fr

fra	fro	fre	fru	fri
frijol	freno	cofre	francés	
fresa	fruta	frotar	fresco	
franja	frío	frente	frito	

Francisco juega frontón.

Guarda las fresas en el frasco.

El jugo es de fresa.

clavo

cl   *cl*

cla	clo	cle	clu	cli

clave   clima   club   cloro

clavo   clase   tecla   claro

chicle   ancla   eclipse   clip

Voy al club en bicicleta.

El triciclo tiene tres ruedas.

Clara vende clavos.

flauta

fl

fl

fla	flo	fle	flu	fli

flauta	flojo		reflector
flama	flor	rifle	flaca
inflar	fleco	flan	flecha

Pon las flores en el florero.

Mis pantuflas están viejas.

Florián toca la flauta.

globo

gl

gl

gla   glo   gle   glu   gli

glorieta   renglón   inglés

globo   iglesia   glotón   gloria

regla   iglú   gladiola   siglo

Hay una iglesia en la glorieta.

El esquimal arregla su iglú.

Gloria juega con el globo.

playa

pl

pl

pla   plo   ple   plu   pli

planeta plancha playa plaza

pliego plátano placa pluma

plato plomero explicar plano

Plácido vuela en planeador.

Esa plancha es de plástico.

La playa tiene palmeras.

bruja

br

br

bra	bro	bre	bru	bri

brazo	nombre	brisa	broma

bruja	brocha	octubre	brillo

libro	colibrí	alfombra	abril

La bruja brinca y vuela, con gato, escoba y sombrero.

Aquí está la bruja.

crema

cr

cr

cra   cro   cre   cru   cri

recreo   crema   cromo   cráter

crecer   cría   cristal   alacrán

microbio   micrófono   escritura

Cristina me confió un secreto.

Papá escribe en su escritorio.

Crispín come fresas con crema.

Lecturas dinámicas

Véase **Lectura en voz alta de textos cortos** (pág. 110), antes de empezar las lecturas.

EL RELOJ

Tic, tac. ¿Qué hora es? Tic, tac, es hora de abrir los ojitos. Tic, tac, pronto el agua caliente cae de la ducha. Tic, tac, es hora de aprender.

31 palabras

palabras por minuto

LA ESTRELLA DE LA TARDE

Aparece la estrella amiga cuando se oculta el sol. La noche aún no llega, pero ya la estrella nos anuncia que vendrá. La estrella de la tarde es limpia, de clara luz.

Cuando la veas, pequeño, prepárate a dormir.

44 palabras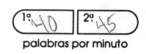

palabras por minuto

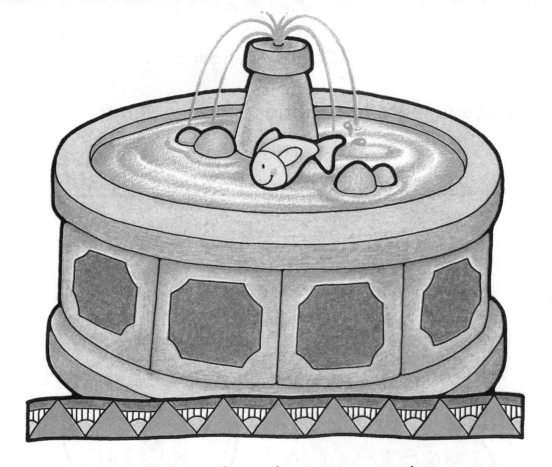

Un pececito dorado se esconde
entre las rocas de la fuente clara. Nada
ligero entre las plantas verdes: parece
una flecha de oro perdida en el
agua.

Pececito dorado, quisiera ser como
tú, para juguetear en la fuente.

38 palabras

1ª

2ª

palabras por minuto

Comprensión

¿Qué nombre le pondrías a esta lectura?

pepecito en la fuente

Marca con una X el dibujo que esté de acuerdo con lo que leíste.

LA NUBE

Nubecita blanca, pareces de algodón; yo quisiera sobre ti saltar.

Nubecita rosada, ven y juega conmigo; conviértete en un perrito; ahora, en un dragón. ¡Huy, no! ¡Que me asustas! Prefiero que te vuelvas un barquito o un ángel de amor.

42 palabras

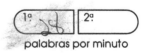

palabras por minuto

Comprensión

¿Qué quisiera hacer el niño sobre la nubecita blanca?

¿Qué le pasa si la nubecita rosa se convierte en un dragón?

¿En qué prefiere que se convierta la nube?

Lee la lección y después marca con una ✗ la respuesta correcta.

UN NIÑO RISUEÑO

Un niño risueño jugaba en el jardín.
Los pajaritos cantaban en lo alto del
pino verde. Un sapito asustado
contemplaba su juego, mientras un
rubio patito nadaba contento. Un
conejito gris, desde su agujero acechaba
travieso. Dormitaba tranquilo un
caracolito. Y el niñito jugaba,

jugaba sin notar a los animalitos que lo acompañaban.

56 palabras ⌐ 1ª ⌐ 2ª ⌐
palabras por minuto

Comprensión

Esta lectura trata de...

Marca con una ✗ los dibujos que estén de acuerdo con lo que leíste.

LAS GOTITAS DE LLUVIA

Llegan las gotitas de lluvia a
alegrar el jardín; unas corren al arroyito,
otras saltan entre la hierba.
Para ver, las flores asoman sus caritas
frescas, sonrosadas y blancas.

Gotita de lluvia, la llama el jilguero,
gotita de lluvia, la llama la flor,
gotita de lluvia, canta el ruiseñor.

Y en mi paraguas canta la lluvia
diciendo tin, ton, ton.

64 palabras

1ª 2ª

palabras por minuto

Comprensión

Esta lectura trata de...

Marca con una ✗ los dibujos que estén de acuerdo con lo que leíste.

EL ABUELO

Ya escucho sus pasos, ya suena el bastón y corro hasta la entrada del camino de pinos: ¡Llegó el abuelo! Me cubre de besos y misterioso saca de su bolsa un regalito.

¿Qué es abuelo? Son dulces para mi muchachito.

Me pone su sombrero, me monto en su bastón y por el mismo camino volvemos juntos los dos.

60 palabras

1ª	2ª

palabras por minuto

Comprensión

¿Cómo se llama la lectura?

El ABUELO

Esta lectura trata de...

Marca con una ✗ el dibujo que esté de acuerdo con lo que leíste.

EL POTRO COLORADO

Caballitos pintos, negros y alazanes
retozan y corren alegres por la
pradera. Hay un potro colorado que yo
quiero domar con mi nuevo lazo.
Aprenderá mil gracias que le voy a enseñar.
Con un solo silbido lo llamaré y siempre
acudirá a mí. Será mi amigo y en las
noches de luna, saldremos juntos a pasear.

59 palabras

1ª	2ª

palabras por minuto

Comprensión

Hay un potro que quiero domar.

Cuando lo llame acudirá a mí.

Marca con una X el dibujo que corresponde a la oración.

MI CABALLITO DE PALO

Es de palo mi caballito, travieso y retozón. Juntos corremos por los jardines, galopando sin parar; saltamos entre las piedras pisando la hierba fresca. Cuando mi caballito se cansa lo dejo junto a la fuente, mientras corto flores para mamá.

Cuando ya ha descansado mi caballito travieso, lo vuelvo a montar y relinchando... liiii, liiii, llegamos hasta donde está mamá.

64 palabras

Comprensión

☐ Mi caballito es de cartón.

☒ Mi caballito es de palo.

☒ Juntos corremos por el jardín.

☐ Los dos corremos sin cansarnos.

Marca con una **X** las oraciones que estén de acuerdo con lo que leíste.

EL CORRAL

En la fresca mañanita cantó el gallo: ¡qui qui ri quí!

Las palomas blancas respondieron: curru cu tu cu. Tuc, tuc, tuc, llamó la gallina. Pío, pío, pío, contestaron los pollitos. Cua, cua, cua, dijeron los patitos dirigiéndose al estanque; mientras la rana croaba: croac, croac, croac.

Cuando todos callaron
se escuchó un largo muuuuu: mamá
vaca llamaba a su becerrito que
travieso retozaba sobre el pasto verde.

70 palabras

| 1ª | 2ª |

palabras por minuto

Comprensión

Los animalitos que están en el corral son...

Lee la lección y después marca con una X los animalitos que encuentras en un corral.

LA COMIDA

Mamá está haciendo un rico pan; es que hoy llega temprano papá.
Vamos pronto, hermanita, a poner la mesa. Tú trae los platos; yo los cubiertos; aquí los vasos sobre el mantel.

¡Qué rico aroma, mamá! ¡Ya está ese pan! ¡Qué bien huele! Y...
¡Aquí está papá! Para todos trae sorpresas y un ramo de flores para

mamá. ¡Qué lindo ramo! Adornará
nuestra mesa para comer.

Adivinen niños, qué sorpresas
les trajo papá.

75 palabras

1ª	2ª

palabras por minuto

Comprensión

Esta lectura se trata de...

Papá trajo...

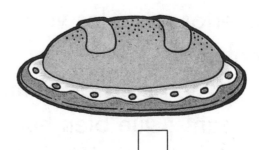

Marca con una X los dibujos que estén de acuerdo con lo que leíste.

CORDERITOS

Ya saltan alegres los corderitos en
la pradera. El pastorcito los cuida. Si
se van lejos los corretea, temeroso siempre
de perder alguno. Ha salido temprano
desde su casita lejana, para que sus
corderos puedan comer hierba verde.

Cuando termine la primavera, su papá
los trasquilará y la lana se convertirá en

estambre. Su mamá hará con ella ropa para la familia. Los corderitos se sentirán más ligeros sin su caluroso traje.

¡Bee...bee! dirán los corderitos al sentirse tan frescos.

81 palabras

| 1ª | 2ª |

palabras por minuto

Comprensión

¿Quiénes saltan en la pradera?

¿Quién los cuida?

Marca con una ✗ los dibujos que estén de acuerdo con lo que leíste.

LA CASITA

En lo alto de la montaña hay una
casita blanca de tejas rojas; tiene
al frente un camino de piedras y una
palmera verde. Si llegamos al jardín, por
las ventanas podremos ver: una
sala, un comedor, una cocina y un
dormitorio con tres camitas. Todo está
muy limpiecito, muy bien acomodado.
¿Quién vivirá allí? ¿Unos enanitos? ¿O

unos gatitos? ¿Quién será? ¿Será un niñito con su papá y su mamá? Piensa, pequeño, y lo que tú pienses será.

81 palabras

1ª	2ª

palabras por minuto

Comprensión

En la montaña hay una casita

☒ blanca   ☐ naranja

En el frente tiene una

☐ fuente   ☒ palmera

Marca con una X los dibujos que estén de acuerdo con lo que leíste.

LA MUÑECA

Ayer me trajo papá una linda muñeca; tiene el pelo de oro y la carita sonriente. Está vestida de color de rosa y zapatitos de cristal.

Con sus ojitos alegres me mira muy fijo y si la acuesto en su cuna se duerme sin llorar.

La llevaré de paseo y cuando se ensucie le prepararé una tinita de agua tibia para bañarla.

Lavaré su ropita y la tenderé al sol. Mientras descansa mi muñequita, pensaré cómo llamarla. Ayúdame tú, niñito, a buscar un lindo nombre.

87 palabras

| 1ª | 2ª |

palabras por minuto

Comprensión

¿Qué me trajo papá?

¿Qué hace la muñeca cuando la acuesto?

Marca con una ✗ los dibujos que estén de acuerdo con lo que leíste.

CONEJITOS

Tengo un conejito negro y un conejito blanco; corretean en mi jardín y comen de todas las flores que mamá tiene allí. Conejito blanco tiene los ojos rojos, se queda quietecito y luego salta ligero. Conejito negro se acerca a mí; pero, si quiero tocarlo, corre y se para junto a una piedra negra: así cree que ya no lo veo.

No seas tonto, conejito, sólo quiero
acariciar tu pelito suave, ven
no me tengas miedo. Pediré a mamá una
lechuga para mis conejitos traviesos
y alegres.

89 palabras

1ª	2ª

palabras por minuto

Comprensión

Según la lectura...

_____ Mi conejo está dormido.

_____ Tengo un conejito negro y uno blanco.

_____ Comen de todas las flores.

___✓___ Mi conejito come lechuga.

_____ Conejito blanco tiene ojos rojos.

Escribe sí o no a las oraciones, según se relacionen con lo que leíste.

EL OSITO

Un osito pardo que vive en la montaña, busca entre los pinos panales de miel. Las avispas no lo quieren y él no sabe por qué.

Osito travieso, no robes a las avispas su miel; ellas trabajaron todo el día, mientras tú dormías.

Vete de aquí, osito, le dice la avispa mayor, busca moras entre las ramas y no vengas a interrumpir nuestra labor. Y el osito se va triste, caminando pesadamente. De pronto, se encuentra con una higuera fragante. ¡Qué feliz serás, osito, comiendo el fruto dulce como la miel!

93 palabras

1ª	2ª

palabras por minuto

¿Cómo se llama la lectura?

El Osito

¿Quién habla con el osito?

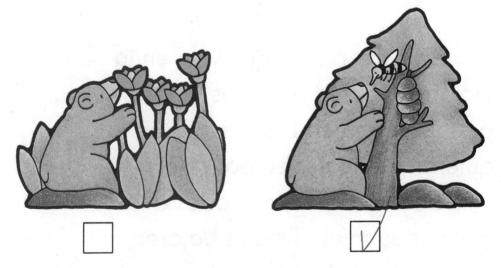

Marca con una X el dibujo que esté de acuerdo con lo que leíste.

LA VENTANA

Tengo en mi cuarto una ventana
por donde me puedo asomar. Por
allí veo todas las mañanas a los niños
que alegres van a la escuela; al
panadero en su bicicleta, con su gran
canasta de pan. Pasan señores que
van muy serios y los automóviles
que van de prisa. Allá va el
vendedor con su racimo de globos. Aquí

viene el frutero; trae naranjas, piñas, duraznos y ricos melones.

Pasa un perrito; luego una señora y al fin, por la ventana, puedo mirar un carro que yo conozco muy bien. En él se va papá.

98 palabras

1ª	2ª

palabras por minuto

Comprensión

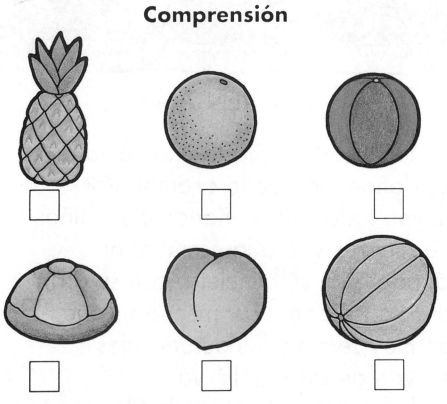

Lee la lección y después marca con una X lo que lleva el frutero.

EL COFRE ANTIGUO

Abuelita tiene un cofre antiguo al
pie de su cama; en él hay lindas
cosas. Si soy niña buena me deja jugar
con ellas. Una por una las va sacando
y yo no me canso de mirarlas. Hay una
muñeca de porcelana, una cajita de
plata que toca tra la la la. Hay un manto
de seda y oro, abanicos de marfil,

collares de bellas cuentas, carretes, y
mil tesoros más tiene el cofre aquél.

Cierra fuerte tus ojitos y busca en el
fondo del cofre antiguo. Y si adivinas
qué otras cosas puede guardar abuelita
en su cofre, un día te invito a
jugar con él.

110 palabras

1ª	2ª

palabras por minuto

Comprensión

La abuelita tiene un

 libro    cofre

___

En el cofre tiene

 un abanico    un reloj

Marca con una *x* la palabra que corresponde a cada oración, según con lo que leíste.

EL CUARTO DE ABUELITO

Hay en mi casa un cuarto que me gusta visitar. Tiene en medio una mesa con muchas cosas para jugar. Es el cuarto de abuelito, quien no se sabe enojar. Desde la puerta lo veo en su mesa cuando trabaja; escucha mis pasos y voltea para mirarme. "¡Si es el muchachito!", exclama con ternura, y me toma en sus brazos.

¿Qué me irá a regalar de todo lo que hay en su mesa?: lápices de

colores, papel para escribir, ganchitos
para hacer cadenas, cintas de
máquina para desenrollar... y cuando
me canso de tantos juegos, entre
sus brazos me duermo y me pongo
a soñar.

110 palabras

1ª	2ª

palabras por minuto

Comprensión

Según la lectura...

_____ El abuelo me toma en sus brazos.

_____ El abuelo tiene una moto.

_____ En su mesa hay una máquina.

_____ En su mesa hay lápices y papel.

Escribe sí o no a las oraciones, según se relacionen con lo que leíste.

ANIMALITOS DEL AGUA

Tengo una fuente cristalina a la
entrada de mi jardín; en ella
habitan mil animalitos.

Pececitos dorados, azules y rojos;
tortuguitas traídas de Japón; también
hay caracolitos de río que caminan para
atrás; cuatro ranitas verdes que
alegran con su croar.

Cuando llego del colegio, corro
a ver cómo nadan mis amiguitos
en el agua clara. Las ranitas

se empujan con sus patitas traseras, los caracolitos se mecen como barcos hundidos; las tortuguitas, que son torpes en la tierra, allí nadan ligeras; los pececitos de colores se deslizan con suavidad. Con elegancia mueven sus colas y nadando con languidez se esconden entre las rocas del fondo.

109 palabras

| 1ª | 2ª |

palabras por minuto

En la fuente hay...

Lee la lección y después marca con una ✗ los animalitos que están en la fuente.

A esta casita, que es mi colegio, llegué un día a estudiar. Mi maestra me llevó, paso a paso, por un mundo encantado.

Conocí a unos duendecitos llamados números, al igual que a unas diminutas hadas: a, b, c, d, que tomadas de la mano con sus otras hermanas, me enseñaron todos sus secretos.

Ahora, cuando salgo con papá y mamá puedo con gusto leer, palabras que veo al pasar por la calle.

También, a través de los libros, descubrí el país de los cuentos. Nunca olvidaré esta casita, mi segundo hogar y a mi maestra tan querida que nunca olvidaré.

105 palabras

1ª	2ª

palabras por minuto

Comprensión

¿Qué nombre le pondrías a esta lectura?

Según la lectura...

☐ Ya puedo dibujar.

☐ Ya puedo leer libros de cuentos.

Marca con una X la oración que esté de acuerdo con lo que leíste.

RAYITO DE LUNA

En un rayito de luna
llegó el mago del ensueño
hasta la mullida cuna
de mi niñito moreno;
cerró sus párpados luego
y en sus largas pestañas
temblaron sueños de nube.

Se fue mi niño a viajar
y en el rayo de la luna

llegó hasta la orilla del mar,
subió a los cielos y, alegre,
vio los luceros brillar
y vio desfilar cometas,
lunas y constelaciones
y a los planetas danzar...
Hasta que al fin, mi niño,
en su rayito de luna,
contento volvió al hogar.

85 palabras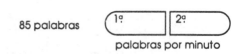

palabras por minuto

Guía del maestro

DIFERENCIAS INDIVIDUALES

Es muy importante que el maestro tenga siempre presente que cada alumno aprende en forma individual y diferente; pueden existir semejanzas, pero ningún niño es igual. Hay quienes siempre están alerta y aceptan con mucha facilidad todos los estímulos que se les presentan. Hay otros que difícilmente mantienen su atención en algo durante un tiempo razonable y, hay, además, niños con problemas emocionales, físicos o que en ese momento se encuentran enfermos.

Es inútil y muy frustrante para el maestro tratar de que su grupo tenga un rendimiento uniforme; su satisfacción será mayor si desde un principio enfoca el entusiasmo sobre los logros individuales.

DESARROLLO DE ACTIVIDADES PARA EL AÑO ESCOLAR

Tomando en cuenta los ejes mencionados (pág. 5), el maestro ayudará a sus alumnos a desarrollar y fortalecer su lenguaje. Como sigue:

Lengua hablada

1. Propicie conversaciones espontáneas, ayudando a que la pronunciación y la fluidez sean adecuadas. Por ejemplo: si un niño dice: "Ayer se me rotó mi lápiz", usted puede comentar: "A mí también se me rompió el mío." Además, observe y favorezca los mensajes no verbales; gestos y movimientos.
2. Fomente que los niños hablen de su familia. Inicie pidiendo a algún niño que diga cómo se llaman su mamá, su papá y qué es lo que más les gusta a cada uno de ellos.
3. Pida a los niños que traigan algo de su casa, como un juguete, comida, focos, etc., acerca de los cuales puedan elaborar una conversación. Puede hablarse sobre acontecimientos especiales que hayan vivido como: la Navidad, una boda, perder un diente, ver a los bomberos trabajar, etcétera.
4. Pídales describir algún animal, hablar sobre lo que hay en el mercado, en una feria, sobre lo que les gustaría ser cuando crezcan.
5. Propóngales jugar a decir palabras agrupándolas por campos semánticos. Cada niño dice una palabra. Pueden ser: flores, comida, vehículos, juguetes, cosas que hay en la clase, cosas con que podemos escribir, etcétera.

6. Cuando los niños no tengan nada que decir, usted, maestro, puede estimular su interés haciendo preguntas como: ¿Qué es lo que más te gusta de la escuela, del parque, de los pájaros, etc.? ¿Quién sabe qué hay en una granja, en el mar, etc.? ¿Qué cuento te gusta más?

7. Sugiérales organizar pequeñas entrevistas entre sus compañeros. El entrevistador pregunta: nombre del niño, edad, si tiene hermanos y qué es lo que más le gusta hacer cuando no está en el colegio. En seguida los niños comparten con el grupo información que obtuvieron de sus compañeros.

Juegos de mímica

Usted, maestro, le dice en secreto a un niño un enunciado y éste lo representa con mímica para que sus compañeros lo adivinen.

Los enunciados son sencillos y fáciles de representar como: yo tengo sueño, yo tengo frío, yo tengo hambre, tú y yo brincamos, tú y yo corremos, la maestra y yo leemos, la maestra y yo nadamos, etcétera.

Invite a los niños a que inventen enunciados, preguntándoles: "Qué te gustaría decirles para que lo adivinen".

Lengua escrita

En el periodo en que los niños aprenden la lengua escrita, el maestro pondrá especial atención en lo siguiente:

1. Uso de materiales de lectura que existen en el ambiente del niño: los anuncios que observa en las calles; los textos y las ilustraciones de las envolturas de los diferentes productos que se consumen en su casa o la escuela, los libros o revistas y, en general, todo lo que contenga textos escritos.

   Pida a los niños que lleven estos materiales a la clase y solicíteles que diferencien lo que es el texto de las ilustraciones. Pregúnteles qué puede significar lo que está escrito. Enséñeles a distinguir algunas de las palabras e indíqueles que las copien en su cuaderno.

2. Que aprenda a reconocer y a escribir su nombre.

3. Lectura y escritura de vocales y consonantes en palabras y oraciones. Encontrar semejanzas y diferencias en su escritura con letra script y ligada.

GUÍA DE TRABAJO

VOCALES

Abra el libro de lectura en la página 7 y diga: *Éste es un áaarbol* (señalándolo), y *éste es un aaavión.* los dos empiezan con **a**. Les voy a decir otras palabras que también empiezan con a: *aaarco-aaala-aaaraña-áaangel-aaanillo*, etcétera.

*¿Quién me puede decir ahora alguna otra palabra que empiece con **a**? ¿Quién de ustedes tiene un nombre que empiece con **a**?*

Trabaje al mismo tiempo que se enseñan las letras, con el método de escritura *Juguemos a leer y escribir* para que la enseñanza sea simultánea.

MANUAL DE EJERCICIOS. SECCIÓN A:

Ejercicio 1. *Encierra en un círculo los dibujos que tienen nombres que empiezan con a.* (Antes de hacer este ejercicio en el libro, el maestro puede hacer uno en el

104

pizarrón, a fin de que el niño sepa aplicar correctamente la orden. O bien, antes de encerrar los dibujos correspondientes, hacer el ejercicio con fichas para que las pongan donde deben ir.) Ver que los niños lo hagan correctamente.

Abrir el libro de lectura en la página 8 de la I, i, $\mathscr{L}$, ι, y decir: *Éste es un iiiglú* (señalándolo) y *ésta es una iiindia.* Los dos empiezan con I. *iiiglesia-iiisla-iiindio-iiimán-iiincendio,* etcétera. *¿Quién me puede decir ahora alguna otra palabra que empiece con I? ¿Quién de ustedes tiene un nombre que empiece con I?*

Ejercicio 2 (pág. 10). *Encierra en un círculo los dibujos que tienen nombres que empiecen con i.* Ver que los niños lo hagan correctamente. (Puede hacerse en la misma forma que el ejercicio 1.)

Abrir el libro de lectura en la página 9 de la **A, a, I, i:**

Orden: *Ponga una ficha* (corcholata, cubito o cualquier objeto pequeño de que se disponga) *en todas las A, a, A, a que encuentren.* El maestro debe pasar a ver si todos los niños lo han hecho correctamente y enseñar al que haya cometido algún error. En este momento es muy importante que el niño entienda y conozca perfectamente cuál es la A, a, $\mathscr{a}$, a (mayúscula minúscula). *Ahora, quiten las fichas.*

Pongan una ficha en todas las I, i, I, I que encuentre n. El maestro debe pasar a verificar si todos los niños lo han hecho correctamente y enseñar al que cometió algún error. En este momento es muy importante que el niño entienda y conozca perfectamente cuál es la I, i, $\mathscr{L}$, ι.

Ejercicio 3 (pág. 11) *Encierra en un círculo la letra con que empieza el dibujo .* (Es conveniente que cada vez que se presente diferente orden, el maestro se cerciore de que el niño la ha comprendido, para evitar alguna confusión. Esto puede hacerse en el pizarrón, o bien usando fichas antes de marcar con lápiz el ejercicio.)

Abrir el libro de lectura en la página 10 de la **E, e**, $\mathscr{E}$, $\mathscr{e}$, y decir: *Ésta es una eeescoba* (señalándola) y *ésta es una eeestrella.* Las dos empiezan con e: *eeestufa-eeescalera-eeelefante—eeescritorio-eeespantapájaros,* etcétera. *¿Quién me puede decir alguna otra palabra que empiece con e? ¿Quién de ustedes tiene un nombre que empiece con e?*

Ejercicio 4 (pág. 12). *Encierra en un círculo los dibujos que empiecen con e* (Ver que los niños lo hayan hecho bien.)

Abrir el libro de lectura en la página 11 de la **A, a,** $\mathscr{a}$, a . **E, e**, $\mathscr{E}$, $\mathscr{e}$:

Orden: Pongan una ficha en todas la **A, a, A, a** que encuentren. Pasar a revisar si todos lo hicieron bien; enseñar a los que lo hicieron mal. *Ahora, quiten las fichas.* Hacer las siguientes dos letras con las misma orden que la primera.

Abrir el libro en la página 12 de la **O, o**, $\mathscr{O}$, σ y decir: *Éste es un ooojo* (señalándolo), y *éste es un oooso.* Las dos empiezan con o: *ooolla-ooojal-ooooreja-ooocho-ooonce,* etcétera. *¿Quién me puede decir alguna otra palabra que empiece con o? ¿Quién de ustedes tiene un nombre que empiece con O?*

Ejercicio 5 (pág. 13). *Encierra en un círculo los dibujos que empiecen con o.* (Ver que todos los niños lo hayan hecho bien.)

Abrir el libro de lectura en la página 13 de **A, a,** $\mathscr{a}$, a, **I, i,** $\mathscr{L}$, ι, **E, e**, $\mathscr{E}$, $\mathscr{e}$, **O, o,** $\mathscr{O}$, σ:

Orden: Pongan una ficha en todas las **A, a, A, a** que encuentren. (Pasar a revisar si todos lo hicieron bien: enseñar a los que lo hicieron mal). *Ahora, quiten las fichas.* Hacer las siguientes tres letras con la misma orden que la primera.

Abra el libro de lectura en la página 14 de la **U, u,** $\mathscr{u}$, $\mathscr{u}$ y diga: *Éstas son unas uuuvas* (señalándolas), y *ésta es una uuuña.* Las dos empiezan con u: *uuuno-uuuniforme-uuurraca-uuuso,* etcétera. *¿Quién de ustedes tiene un nombre que empiece con u? ¿Quién de ustedes me puede decir otra palabra que empiece con u?*

Ejercicio 6 (pág. 14). *Encierra en un círculo los dibujos que empiecen con u.*

Ejercicio 7 (pág. 15). *Encierra en un círculo la letra con que empieza el nombre de cada figura.* (Ver que los niños lo hayan hecho bien).

Ejercicio 8 (pág. 16). *Une con una línea las letras que sean iguales.*

Ejercicio 9 (pág. 17). *Encierra en un círculo todas las a que veas.*
Encierra en un círculo azul todas las I que veas.
Encierra en un círculo verde todas las e que veas.
Encierra en un círculo anaranjado todas las u que veas.
Encierra en un círculo amarillo todas las o que veas.

Ejercicio 10 (pág. 18). *Encierra en un círculo rojo todas las A.*
Encierra en un círculo verde todas las E.
Encierra en un círculo amarillo todas las O.
Encierra en un círculo anaranjado todas las U.

Ejercicio 11 (pág. 19). *Encierra en un círculo la letra con que empieza el dibujo.*

Ejercicio 12 (pág. 20). *Pon la letra con que empieza cada figura.*

Ejercicio 13 (pág. 21). *Pon la letra con que empieza cada figura*

Ejercicio 14 (pág. 22). *Encierra en un círculo el dibujo que empiece con la letra de la izquierda.*

Abrir el libro de lectura en la página 15 de **A, a,** *a, a,* **I, I,** *l, i,* **E, e,** *E, e,* **O, o,** *O, o,* **U, u,** *u, u*:

ORDEN: *Ponga una ficha en todas las* **A, a,** , *que encuentren.* (Pase a revisar si todos lo hicieron bien. Enseñar a los que lo hicieron mal.) *Ahora, quiten las fichas (Hacer las siguientes cuatro letras con la misma orden que la primera.)*

No se establece la cantidad de ejercicios que deben hacerse diariamente porque esto varía según el grupo, el estado de ánimo de cada día y muchas otras circunstancias individuales que sólo el maestro puede controlar.

El maestro debe ir marcando en el instructivo la fecha en que enseñó la lección, a fin de llevar un control.

EVALUACIONES: **1A, 2A, 3A** (págs. **166-164-162** del manual de ejercicios.)

Se aplicarán estas nuevas evaluaciones con objeto de comprobar el grado de aprendizaje de cada niño.

Con estas evaluaciones el maestro podrá darse cuenta de cuáles son las vocales que no están muy bien aprendidas, con el fin de insistir nuevamente en su enseñanza y quiénes son los niños que no las han aprendido.

Las mencionadas evaluaciones pueden enviarse a los padres de familia para que estén enterados, desde un principio, del rendimiento de su niño, y en esta forma lo ayuden a aprender exactamente aquello que no sabe. Será mucho más gráfico que informarles que el pequeño está atrasado en la lectura. (La encuadernación del manual de ejercicios permite arrancar estas pruebas de un simple tirón.)

CONSONANTES

ENSEÑANZA DE LA M, S, T, L, R

Abra el libro de lectura en la página 16 de la **M, m,** *m, m* y diga: Esta es una mmmamá (señalándola), y empieza con **m.** (Emitir únicamente el sonido de la **m,** sin enseñarles el nombre de la letra. Este paso es más directo para juntar el sonido de la consonante con el de la vocal.) *Les voy a decir otras palabras que también empiezan con* **m**: *mmmesa-mmmelón-mmmaceta-mmmartes-mmmayo*, etcétera. *¿Quién de ustedes tiene un nombre que empiece con* **m**? *¿Quién me puede decir alguna otra palabra que empiece con* **m**? (Si los niños no encuentran fácilmente palabras con el sonido de las consonantes, señale objetos que estén dentro del salón y cuyos nombre empiecen con **m**. Esto mismo se puede hacer con todas las consonantes.) Una ahora el sonido de la m con el de las diferentes vocales, leyendo en el libro: ma-mo-me-mu-mi.

Pasar inmediatamente a la lectura de palabras y frases.

Abra el libro de lectura en la página 17 de la **S, s,** 𝓛, 𝓈, y diga: *Éste es un sssol* (señalándolo) *y empieza con* **s**. (Emitir únicamente el sonido de la **s**.) *Les voy a decir otras palabras que empiezan con* **s**: *sssilla-sssofá-sssartén-sssombrero-sssuelo*, etcétera. *¿Quién de ustedes tiene un nombre que empiece con* **s**? *¿Quién me puede decir otra palabra que empiece con* **s**?

Empezar a unir el sonido de la s con el de las diferentes vocales, leyendo en el libro: sa-so-se-su-si.

Poner en el pizarrón las mismas sílabas para que los niños las lean solos, en grupo o de uno en uno.

Leer, en la misma forma, las palabras y las frases.

MANUAL DE EJERCICIOS. SECCIÓN B:

Hacer los ejercicios 15 y 16 (págs. 25 y 26), siguiendo las órdenes como se indica en el cuaderno. Para la enseñanza de las letras **T, L, R** seguir las mismas instrucciones que se siguieron con las letras **m, s**.

Después de enseñar:
la **T**, hacer el ejercicio 27 (págs. 27)
la **L**, hacer los ejercicios 18 y 19 (págs. 28 y 29)
la **R**, hacer los ejercicios 20 al 30 (págs. 30 a la 40).

Evaluaciones: **4B, 5B, 6B,** (págs. 160-158-156).

Una vez que se terminó de enseñar la *sección B*, deben aplicarse las evaluaciones correspondientes para ver si todos los niños las han comprendido y enseñar con más detenimiento aquellas letras en las que se encuentran mayor número de errores, volviendo a las lecciones del libro de lecturas las veces que sea necesario.

Envíe estos resultados a cada padre de familia para que esté enterado del rendimiento de su niño en la clase de lectura.

ENSEÑANZA DE LA P, N, C, D, V

De aquí en adelante, tomar como modelo para enseñar las siguientes letras, las indicaciones de las letras **M** y **S**.

A continuación se indican los ejercicios que deben hacerse después de aprender cada letra:

MANUAL DE EJERCICIOS. SECCIÓN C:

Después de enseñar:

la **P**, hacer el ejercicio 31 (pág. 43)
la **N**, hacer el ejercicio 32 (pág. 44).
la **C**, hacer los ejercicios 33 y 34 (págs. 45 y 46).
la **D**, hacer los ejercicios 35, 36 y 37 (págs. 47, 48 y 49).
la **V**, hacer los ejercicios 38 al 46 (págs. 50 a la 58).

EVALUACIONES: **7C, 8C, 9C** (págs. 154-152-150).

Al terminar la *seccion C*, aplicar las evaluaciones siguiendo las mismas instrucciones que se dieron para la aplicación de las evaluaciones de la *sección B*.

ENSEÑANZA DE LA F, B, J, Ñ, R (ERE)

MANUAL DE EJERCICIOS. SECCIÓN D:

Después de enseñar:
la **F**, hacer el ejercicio 47 (pág. 61).
la **B**, hacer el ejercicio 48 (pág. 62).
la **J**, hacer los ejercicios 49, 50 y 51 (págs. 63, 64 y 65).
la **Ñ**, hacer los ejercicios 52 y 53 (págs. 66 y 67).
la **r**, hacer los ejercicios 54 al 62 (págs. 68 a la 76).

EVALUACIONES: **10D, 11D, 12D**, (págs. 148-146-144).

Al terminar la *sección D*, aplicar nuevamente las evaluaciones correspondientes, siguiendo las mismas instrucciones que las anteriores.

ENSEÑANZA DE LA G, H, CH, LL, Q

MANUAL DE EJERCICIOS. SECCIÓN E:

Después de enseñar:
la **G**, hacer el ejercicio 63 (pág. 79).
la **H**, hacer el ejercicio 64 (pág. 80).
la **Ch**, hacer el ejercicio 65 (pág. 81).
la **Ll**, hacer el ejercicio 66 (pág. 82).
la **Q**, hacer ejercicios 67 al 78 (págs. 83 al 94).

EVALUACIONES: **13E, 15E**, (págs. 142-140-138).

ENSEÑANZA DE LA Y, gue-gui, güe-güi, ge-gi, ce-ci, K, Z, X, W

MANUAL DE EJERCICIOS. SECCIÓN F:

Después de enseñar:
la **Y**, hacer los ejercicios 79 y 80 (págs. 97-98).
la **gue-gui**, hacer ejercicios 81, 82 y 83 (págs. 99-100-101).
la **güe-güi** y **ge-gi**, hacer ejercicios 84, 85 y 86 (págs. 102-103-104).
la **ce-ci** y **K**, hacer ejercicios 87, 88 y 89 (págs. 105-106-107).
la **Z**, hacer los ejercicios 90, 91 y 92 (págs. 108-109-110).
la **X-W**, hacer ejercicios 93 al 96 (págs. 111 a la 114).

EVALUACIONES: **16F, 17F, 18F** (págs. 136-134-132).

ENSEÑANZA DE LAS SÍLABAS COMPUESTAS CON

tr, bl, gr, pr, dr, fr, cl, gl, pl br, cr.

MANUAL DE EJERCICIOS. SECCIÓN G:

Ejercicios del 97 al 108 (págs. 117 a la 128).

En esta sección aparece, un ejercicio para la afirmación y práctica de cada una de las sílabas compuestas.

EVALUACIÓN DE PROGRESO

Después de cada cierto tiempo, como se indica en la *Guía de trabajo*, se aplican evaluaciones para comprobar lo que han aprendido los niños. En cada una de las evaluaciones aparecen numerados los reactivos. Ponga una marca en los reactivos correctos y páselos a la hoja de registro.

Con estas evaluaciones, el maestro podrá darse cuenta de cuáles son las letras o palabras que no han sido suficientemente aprendidas, para insistir en ellas.

El maestro puede hacer, en papel cuadriculado, el siguiente modelo para llevar un registro del resultado de las pruebas de su grupo.

	Hoja de registro									Pruebas núms.												
Núm.	Nombre	Edad								Reactivos												Total errores
			1	2	3	4	5	6	7	8	9	10	11	12	13	14	15	16	17	18	
1																						
2																						
3																						
4																						
5																						
7																						
8																						
9																						
10																						
11																						
12																						
Etc.																						
Totales																						

a) La columna que dice *Núm.* Es para el registro de la cantidad de niños que hay en la clase.

b) En la columna que dice *nombre* poner los nombres de los niños empezando por el que tiene menos edad y así sucesivamente hasta terminar con el mayor.

c) En la columna que dice *edad*, registrar los años y meses que tenga el niño en el momento que se aplica la prueba; de tal modo que se pueda detectar si sus errores pueden tener como razón su corta edad.

d) En la parte de *Reactivos* aparecen varias columnas numeradas; la cantidad de números varía según los reactivos que haya en cada sección. Ponga una marca en cada reactivo que estuvo mal, por cada niño y, en la última columna, la cantidad total de errores.

e) En el último renglón de la página (*Totales*) ponga la suma de los errores que hubo por cada reactivo. Si la cantidad de errores por reactivo es mayor que la mitad de la clase, mostrará que se necesita hacer más ejercicios que ayuden a los niños a entender mejor ese reactivo: éstos los pueden hacer en su cuaderno o en el pizarrón.

Es muy importante llevar este *registro* si nos interesa saber qué tanto están aprendiendo los alumnos.

Lectura en voz alta de textos cortos

La serie de lecturas que encontrará usted a partir de la pág. 59 de este libro han sido planteadas como sigue:

1. Las primeras, con pocas palabras, teniendo en cuenta la capacidad de un niño que empieza a leer. Se van aumentando palabras a medida que avanza.
2. Las palabras han sido tomadas del vocabulario cotidiano de los niños. A veces se introducen algunas palabras nuevas para el niño; esto es con objeto de que practique no solamente las palabras que le son comunes, sino que también adquiera velocidad en las desconocidas, puesto que esta circunstancia la encontrará siempre que lea un libro.
3. Es importante que el niño entienda el significado de todas las palabras; por tanto, es necesario que se le expliquen las que desconozca. Con esto el niño adquirirá un vocabulario más amplio.

Maestro, como usted sabe, es muy importante dedicar tiempo a la lectura individual de los alumnos para estar al tanto de la evolución de su aprendizaje y poder detectar cualquier problema y darle solución a tiempo.

Durante este momento, tiene oportunidad de relacionarse directamente con cada niño y felicitarlo por sus logros, sugerirle algunos ejercicios o dejarle alguna tarea en la que el niño practique las habilidades que necesita seguir desarrollando.

Si algún niño presentara problemas, deberá ponerse de acuerdo con los familiares de éste para que le proporcionen ayuda adicional en su casa.

1. Pida al niño que lea primero la lección completa.
2. Permítale leer durante un minuto. (Tome el tiempo con cronómetro.)
3. Apunte las palabras que leyó, en el cuadro de la hoja que dice 1a. vez.
4. Pídale que lea de nuevo. Tome el tiempo y vuelva a apuntar las palabras que leyó en el cuadro de la hoja que dice 2a. vez.
5. Felicítelo por las palabras que ganó esta segunda vez, pues la repetición de la lectura es con el único objeto de animar al niño a que lea mejor, aumentando el número de palabras leídas.
6. Apunte, en una lista aparte, cuántas palabras leyó en la primera vez y pase al niño siguiente; continúe en la misma forma hasta que todos hayan leído.
7. Compare su registro de velocidad; si desea tener un punto de referencia de la dinámica de lectura en su grupo, saque el promedio de palabras que leen sus alumnos, por minuto, y trate de incrementarlo siempre.

Importancia de la escritura

Varias evaluaciones recientes de programas de enseñanza de la lectura reportan que hacer énfasis en actividades de escritura resulta de gran beneficio para los niños que están aprendiendo a leer.

El reto de escribir palabras cuando un niño desea hacerlo, significa un esfuerzo que favorece mucho el desarrollo de habilidades propias de la lectura. Para escribir una palabra, el niño tiene que pensar en el símbolo (letra) que corresponde a cada sonido (*fonema*) que la compone y reproducirlo en el papel.

Motivar a los niños para que escriban lo que piensan, ya sea una o varias palabras, los favorece de distinta manera:

a) Al escribir el niño tiene oportunidad de reflejar sus propios pensamientos, lo que le permite desarrollar confianza en sí mismo.
b) Elabora y organiza sus ideas, propiciando la utilización de razonamientos lógicos.
c) Fomenta el conocimiento de los mecanismos de la comunicación escrita.
d) Anima a los niños a producir su propio material de lectura, y lo más importante, para el aprendizaje de la lectura:
e) Se da cuenta, en la forma más directa, del funcionamiento de los fonemas y del alfabeto al tener que reproducirlos mediante la escritura.

1. Algunas de las actividades de la **lengua hablada** pueden ser usadas en el desarrollo del lenguaje escrito como escribir palabras por campos semánticos. Pueden acompañarlas con un dibujo o una ilustración.
2. Pueden intentar escribir una carta, un recado, lo que se acuerden de un cuento que hayan escuchado. Después lo pueden compartir con otros compañeros. Invítelos también a hacer un dibujo y que escriban algo acerca de lo que hicieron.
3. Proponga la lectura de textos elaborados por los niños.
4. Los dictados son muy útiles para que el maestro se dé cuenta del avance de los niños en la lectoescritura.
   Se sugiere que los dictados se hagan de la siguiente manera:
   Un niño pasa al pizarrón y otro le dicta una palabra. El niño la escribe en el pizarrón y todos los demás niños la escriben en su cuaderno. Entre todos la revisan y el niño la corrige, si es necesario. Cuando esté escrita correctamente en el pizarrón, los niños revisan si la escribieron bien. El maestro se pasea por los lugares de los niños observando cómo lo hacen.
   Es importante hacer dictados una vez por semana para ver los logros de los niños y para ayudarlos a entender la función de los fonemas en la formación de las palabras.
   Además de la escritura en función de la lectura, el niño necesita también aprender a hacer los trazos de la escritura de manera que sus letras sean legibles, de tamaño proporcionado y manteniendo distancias iguales entre cada espacio. Esto lo logra únicamente con la práctica. *Juguemos a leer y escribir*, cuaderno de tareas, en sus dos versiones letra script o letra cursiva, contiene ejercicios cuyo propósito es desarrollar habilidades motoras finas.

Reflexión sobre la lengua

El maestro, a través del uso del libro y del manual de ejercicios hará notar al niño:

1. La direccionalidad. La lectura se hace de izquierda a derecha. El maestro señala con su dedo lo que va leyendo para que los niños observen la dirección que debe seguirse.
2. Espacios entre palabras. Se les hará observar que dentro de un texto las palabras están separadas por un espacio.
3. El uso de mayúsculas en nombres propios y al principio de oraciones.
4. El uso adecuado del punto y aparte y del punto final.
5. Identificar por medio de las terminaciones, nombres y palabras que indiquen masculino-femenino, singular-plural.
6. Identificar oraciones afirmativas y negativas para hacer el cambio de unas a otras. Por ejemplo:
   El girasol ve al sol. Cambiar por:
   El girasol no ve al sol
7. Identificar y usar palabras que expresen lo mismo. Por ejemplo: linda, bella, hermosa - grueso, gordo, grande.

Recreación literaria

Es a través del cuento y otros textos literarios como puede desarrollarse el interés y el gusto por la palabra escrita. A los niños que están adquiriendo el conocimiento de la lectura se les leerán cuentos cortos que contengan muchas ilustraciones, teniendo cuidado de hacer la lectura con puntuación y entonación. Después se les facilitarán cuentos y material literario que puedan leer por sí mismos.

1. Presentar la ilustración de un cuento o fábula y preguntar a los niños si saben de lo que se tratará. (Predicción.)
2. Pedir que hagan alguna escenificación sencilla del cuento o de algún pasaje.
3. Hacer comentarios y preguntas acerca del contenido, para ver lo que comprendieron.
4. Inventar otros finales que pudiera tener el cuento.
5. Pedir la participación del grupo en rondas y juegos infantiles.
6. Enseñar trabalenguas, adivinanzas y rimas.
7. Pedir la participación del grupo en rimas y cuentos infantiles.

El maestro puede investigar en la biblioteca de la escuela, en las bibliotecas públicas o en distintas editoriales, materiales que enriquezcan la lectura de los alumnos.

Con esto, el niño descubrirá el mundo literario y correlacionará su cultura con otras de diferentes países, comparará el vocabulario propio con otros y conocerá tradiciones y costumbres diferentes.